RÉPUBLIQUE FRANÇAISE
Liberté — Égalité — Fraternité

DÉPARTEMENT DE LA SEINE

DIRECTION DES AFFAIRES DÉPARTEMENTALES

ÉTAT DES COMMUNES

A LA FIN DU XIXᵉ SIÈCLE

publié sous les auspices du Conseil Général

ORLY

NOTICE HISTORIQUE

ET

RENSEIGNEMENTS ADMINISTRATIFS

MONTÉVRAIN
IMPRIMERIE TYPOGRAPHIQUE DE L'ÉCOLE D'ALEMBERT

1896

ORLY

RÉPUBLIQUE FRANÇAISE
Liberté—Égalité—Fraternité

DÉPARTEMENT DE LA SEINE

DIRECTION DES AFFAIRES DÉPARTEMENTALES

ÉTAT DES COMMUNES

A LA FIN DU XIXᵉ SIÈCLE

publié sous les auspices du Conseil Général

ORLY

NOTICE HISTORIQUE

ET

RENSEIGNEMENTS ADMINISTRATIFS

MONTÉVRAIN

IMPRIMERIE TYPOGRAPHIQUE DE L'ÉCOLE D'ALEMBERT

1896

NOTICE HISTORIQUE

ORLY[1]

Anciennement, communauté de la Généralité et de l'Élection
de Paris, subdélégation de Choisy-le-Roi, paroisse du doyenné de
Montlhéry.

De 1790 à l'an IX, commune du district de Bourg-la-Reine
(supprimé en l'an III) et du canton de Choisy-le-Roi.

De l'an IX à 1893, commune de l'arrondissement de Sceaux et
du canton de Villejuif.

Actuellement, en vertu de la loi du 12 avril 1893, commune de
l'arrondissement de Sceaux et du canton d'Ivry-sur-Seine.

1. Outre la commune dont nous traitons ici, il existe en France deux
autres localités portant le nom d'Orly : l'une, Orly-sur-Morin, fait partie du
département de Seine-et-Marne, arrondissement de Coulommiers, canton de
Rebais ; l'autre Orly n'est qu'un hameau de la commune d'Albens, au
département de la Savoie.

I. — FAITS HISTORIQUES

L'origine du nom d'Orly s'explique sans peine ; sa forme ancienne, *Aureliacum* ou *Orliacum*, indique, en effet, le nom d'un possesseur gallo-romain, nommé *Aurelius*, et la désinence en *acum* signifie précisément ce fait de propriété ; Orly appartient donc à la famille, assez nombreuse d'ailleurs, de noms de lieu dont les plus célèbres sont Orléans et Aurillac [1], et son nom seul suffit à assigner au village une antiquité qui remonte au moins au quatrième siècle de notre ère. De ces temps reculés nous ne savons rien de plus sur Orly. Il faut arriver à la fin du VIIIe siècle pour trouver un diplôme de Charlemagne confirmant en 795 les possessions de la cathédrale de Paris, au nombre desquelles figurent Orly ; encore, ce diplôme a-t-il été accusé de fausseté par les meilleurs érudits [2] ; mais un acte de 829, dont l'authenticité est certaine, et qui a pour objet de partager les biens de la cathédrale entre l'évêque et ses chanoines, attribue Orly à ces derniers. Nous aurons occasion de rappeler que le Chapitre de la Cathédrale eut, en réalité, jusqu'à la Révolution, la jouissance de tous les droits seigneuriaux sur le bourg, et la faculté d'en nommer le curé.

D'autres chartes des siècles suivants font figurer, de même, le nom d'Orly parmi les biens du Chapitre ; il serait fastidieux de les analyser puisqu'elles n'apprennent pas autre chose ; on doit cependant mentionner la bulle du pape Honorius II confirmant, le 3 février 1125, les possessions de l'abbaye, récemment fondée, de Saint-Victor ; il y est dit que cette abbaye possède, tant sur le territoire de Chevilly que sur celui d'Orly, environ cent vingt arpents de terre labourable qu'elle tient du don des chanoines de la cathédrale.

Dans ses savantes recherches sur les paroisses du diocèse de Paris, l'abbé Lebeuf a réuni, au siècle dernier, quelques renseignements intéressants sur l'histoire d'Orly à ces époques lointaines ; en dépouillant le nécrologe de la cathédrale, il a retrouvé des noms de chanoines qui, en mourant, léguaient à leur église ce qu'ils possédaient à Orly ; l'évêque de Paris, Geoffroy, mort en 1095,

1. Voir la note de la page précédente.

2. *Cartulaire général de Paris*, t. I, p. 34, dans la Collection de l'*Histoire générale de Paris* publiée sous les auspices de la municipalité.

abondonna au Chapitre un droit de moissons qu'il y percevait. « Il étoit arrivé en ce lieu, de même qu'en plusieurs autres terres d'église, dit encore Lebeuf, que quelques chevaliers s'en étoient rendus les protecteurs ou défenseurs, soit qu'on les en eût priés, soit qu'ils se fussent offerts eux-mêmes. Ainsi, les vassaux du Chapitre leur payaient leur droit de protection, et ce droit s'appelait en latin *tensamentum* ; mais, dès le XIIe siècle, les chanoines de Paris rachetèrent ce tribut. L'argent que Guillaume, chanoine, neveu de l'abbé Suger, donna pour le repos de l'âme de son oncle, décédé en 1100, et celui qui provint du legs de l'archidiacre Hermeric, fut employé à exempter les habitants d'Orly de ce tribut étranger. Hugues d'Anet était un de ceux qui en jouissaient ; il ne vendit sa part en ce droit au Chapitre qu'en l'an 1207. Le prieur de Saint-Eloy avait encore, au XIVe siècle, un droit d'oublies qui lui était dû à Orly et à Grignon... »

Lebeuf parle aussi d'une contestation que les habitants d'Orly eurent avec leurs seigneurs, c'est-à-dire le Chapitre, en 1252, et qui valut à quelques uns d'entre eux la peine de la prison. Il s'agissait de l'impôt de la taille, et de savoir s'il était dû au Chapitre en toute occasion, même alors qu'il ne s'agissait pas d'une guerre. Des arbitres, qui étaient les évêques de Paris, d'Orléans et d'Auxerre se prononcèrent dans ce sens. D'ailleurs, peu après, en 1268, le village d'Orly obtint son affranchissement en l'achetant quatre mille livres, somme très considérable pour l'époque.

Enfin, Lebeuf a découvert un acte du XIIIe siècle (sans date plus précise), où figure un personnage nommé Geoffroy, et désigné comme doyen d'Orly : « C'était, dit-il, apparemment celui d'entre les habitants qui faisoit les affaires de la communauté ». Nous ne pensons pas qu'il y ait d'autre exemple d'une pareille dénomination au moyen-âge pour le personnage qui remplissait en quelque sorte les fonctions de maire, et il y a lieu de croire que ce Geoffroy était, quoi qu'en pense Lebeuf, simplement curé d'Orly.

Tous ces petits faits des temps féodaux sont, en somme, d'un intérêt assez médiocre ; en voici un, en revanche, dont les annales d'Orly ont le droit de s'enorgueillir. C'est en 1360 qu'il eut lieu. Depuis de longues années déjà, la France était en guerre avec l'Angleterre ; les désastres de Crécy et de Poitiers n'avaient pas suffi à l'abattre et l'ennemi favorisé par les dissensions intérieures, par la faiblesse du Dauphin, marchait sur Paris. Quelques jours avant Pâques, le gros de son armée était campé entre Châtres (aujourd'hui

Arpajon) et Montlhéry. Les gens d'Orly jurèrent de s'opposer de toutes leurs forces à son passage. Un moine anonyme, continuateur de la chronique rédigée au XIIIe siècle par Guillaume de Nangis, rapporte qu'ils convertirent leur église, et principalement sa tour, en forteresse où ils se retranchèrent au nombre de deux cents, environ, avec des armes et des munitions. Le vendredi saint, les Anglais vinrent les assiéger et eurent promptement raison de la résistance de ces héroïques villageois. Ils en tuèrent une centaine; les autres furent faits prisonniers ou s'enfuirent. Après ce facile fait d'armes, l'enne mi regagna ses campements [1].

La tour de l'église existe encore, mutilée, décapitée, sans doute au cours de ce glorieux épisode. Ne serait-il pas bon qu'une inscription gravée à sa base consacrât, pour les enfants d'Orly, le souvenir de leurs aïeux du XIVe siècle?

Après une aussi cruelle épreuve, le village dut être longtemps à réparer ses brèches, à reconstituer ses forces. Pendant deux siècles, l'histoire est muette sur son compte. Il semble que, vers le temps de Henri II, il ait repris quelque prospérité ou trouvé de puissants appuis, car c'est de cette époque-là que date la reconstruction du chœur de son église, — et du règne de Henri IV, l'édification du beau château d'Orly, sans doute pour le compte de la famille d'Ormesson. Nous parlerons plus loin de ces monuments.

Un document du commencement du XVIIIe siècle, conservé dans les archives de la fabrique, au presbytère, nous fournit la preuve que l'instruction était déjà donnée aux enfants d'Orly, et est, en même temps, un acte curieux d'association des habitants réunis devant le notaire pour régler un point de leurs intérêts communs. Le

---

1. Voici le texte original où est relatée cette vaillante conduite des habitants d'Orly:

« Anglici autem omnia fortalitia quæ fuerant facta in turribus ecclesiarum, per villas campestres circa Parisius et alibi ceperunt et finaliter destruxerunt. Inter quæ erat unum fortalitium factum in ecclesia et ejus turre, in villa quadam prope Parisius quæ dicitur *Oly*, quod fecerunt omnes villæ illius patriæ, et illius homines optime paraverant et armaverant ad fortiter resistendum, et dictam ecclesiam sic munitam illi homines, numero ducentorum hominum dictæ villæ, cum balistis et aliis defensionibus bonis, habentes victualia satis largiter retinebant. Sed et ipsi in fortitudine confidentes et fortalitio sunt decepti finaliter. Nam venientibus ad eos Anglicis in die Veneris sanctæ eos impugnari fecerunt, et interfecerunt de eis circa centum, reliquis captis, vel fugientibus qui fugere potuerunt. Tandem, locum illum Anglici desolantes, et victualia spoliantes, ad locum sui exercitus, scilicet versus *Chatres* et *Montlhery*, recesserunt... » (Continuation de la *Chronique de Guillaume de Nangis;* texte publié par H. Géraud pour la Société de l'Histoire de France, t. II pages 302-303).

19 juin 1701, en effet, les habitants comparurent devant le tabellion de la paroisse d'Orly: « lesquels tous d'une unanime voix ont déclaré et déclarent que pour le bien et l'utilité de ladite paroisse d'Orly, les maîtres et maîtresses qui feront la fonction de montrer et enseigner les enfans et jeunesse de ladite paroisse, grands et petits à prier Dieu, lire et écrire, et autres bonnes instructions chrétiennes à quoi ils s'emploieront sans faire aucun autre exercice dont ils ne peuvent retirer que très peu de profit; c'est pourquoi, à ces causes et d'autres considérations à ce mouvantes, consentent et accordent lesdits habitans que pendant le cours du temps que lesdits maître et maîtresse seront résidents actuellement audit Orly et employés aux dits exercices ci-dessus, ils ne seront aucunement compris et cottisés au rolle des tailles et autres impositions de cette paroisse en quelque manière que ce soit, à condition qu'ils se contiendront en la jouissance purement et simplement de quelques héritages qui leur appartiennent, et non à d'autres choses, à loger ou autrement... ».

Un autre acte de la même source, daté du 29 janvier 1786, fait connaître qu'alors le maître d'école avait un traitement de cent livres, et la maîtresse cinquante livres seulement.

La commune a heureusement conservé ses registres de délibérations municipales depuis la Révolution. L'un des premiers actes est fort intéressant: c'est l'ordonnance édictée par le maire afin de régler la fête prescrite par l'Assemblée Constituante pour la publication de la Constitution de 1791, et le procès-verbal de cette cérémonie même :

« Nous, maire et officiers municipaux et notables composant le Conseil de cette commune d'Orly, en vertu du réquisitoire du procureur de la commune, ordonnons à tous les citoyens sans distinction de faire nettoyer les rues en ce qu'ils y ont d'étendue de logement; à la brune, de faire illuminer le devant de leurs maisons selon les moyens de chacun; faisons défendre à un chacun de tirer des coups de fusil dans les rues, le jour ou la nuit, non plus qu'aucune fusée ni pétard à peine de dix livres d'amende dont les pères et mères répondront pour leurs enfants, et les maîtres pour leurs domestiques, et que ne soit fait aucun trouble ni tapage dans le lieu, à peine de punition corporelle.

Et le dimanche, vingt-cinq dudit mois de septembre 1791, en conséquence desdits ordres par nous donnés, nous accompagnés du commandant et de toute notre garde nationale, nous nous sommes, sur les dix heures du matin, rendu en notre église, où M. Michaelis, notre digne curé et tout le clergé a célébré la grande messe avec la plus grande solennité, à la fin de laquelle a été chanté le psaume *Exaudiat*, avec la prière pour le Roy et la Nation; à la fin de la messe, nous nous sommes mis en marche au milieu de notre dite garde nationale; rendus sur la place publique, publication y a été faite de la Constitution aux acclamations du peuple en criant: *Vive le Roy! Vive la Nation! Vivre libre, ou mourir!*

« Cette cérémonie a été répétée dans tous les carrefours de ce lieu. A quatre heures après-midi, nous nous sommes rendus à l'église au milieu de notre dite garde nationale, où arrivés, M. Michaelis, curé, avec son clergé, a entonné le *Te Deum*, suivi du même psaume *Exaudiat*, pendant lequel notre dite garde nationale a fait trois décharges de sa mousqueterie; ensuite, nous nous sommes transportés sur notre dite place publique où tout le peuple en notre présence s'est livré jusqu'à minuit à la joye la plus parfaite par des danses, pendant lequel temps, nous leur avons fait des distributions de pain, vin, échaudés, cervelas. A la brune, notre place publique et notre corps de garde ont été illuminés ainsi que toutes les maisons de ce lieu, sans exception que celle occupée par le sieur Godefroy, fermier du ci-devant Chapitre de Notre-Dame, tenant maintenant les biens nationaux, malgré l'injonction de notre procureur de commune. Nous avons eu la satisfaction que la fête s'est terminée sans le moindre trouble ni confusion. Dont nous avons dressé le présent procès-verbal, et ordonné que par notre procureur-syndic il en seroit envoyé copie au Directoire de Bourg-la-Reine. Fait en notre maison commune d'Orly, ce vingt-cinq septembre mil sept cent quatre-vingt-onze, heure de minuit. Et avons signé. »

En 1792, la majeure partie des habitants fit imprimer une pétition [1] dans laquelle ils protestaient contre le rôle des impositions pour 1791, où ils étaient taxés à 27.458 livres 5 sols, dont 24.760 livres 3 sols, pour imposition foncière et 2.698 livres 2 sols, pour imposition mobilière, « ce qui, à l'égard de l'impôt foncier, porterait ce même impôt pour chaque arpent de terre entre 13 livres et 13 livres 10 sols; c'est, à n'en pas douter, écraser de malheureux citoyens ».

Sans entrer avec les protestataires dans le détail de critiques qui sont maintenant sans objet, puisque notre système de contributions n'est plus le même, nous trouvons dans le document quelques faits bons à relever. Il est dit qu'en 1790, la commune eut à payer 14.583 livres 10 sols, « somme énorme pour cette paroisse dont le territoire n'est que d'environ dix sept cents arpens de terre en culture, mesure de dix-huit pieds pour perche, le pied de douze pouces et de cent perches à l'arpent, la plus petite mesure du royaume, — et d'environ cent maisons dont deux grandes avec parc et six de bourgeois. Le reste des maisons est occupé par des cultivateurs et ouvriers journaliers, et la plus grande partie des bâtiments de ces maisons servant à l'exploitation rurale, ne peut être comprise dans l'imposition, excepté pour le terrain... ».

1. Le titre complet est donné dans le paragraphe intitulé: *Bibliographie* p. 24.

Trois ans plus tard, dans une *Adresse à la Convention Nationale présentée par la commune d'Orly* [1] 66 habitants, dont les noms sont inscrits à la suite de la requête, pétitionnèrent à nouveau, cette fois pour réclamer la mise en vente par parcelles des terrains composant l'ancienne ferme seigneuriale, et non l'adjudication totale sans démembrement ainsi que le voulait le décret sur le mode de vente des biens ecclésiastiques. Ce procédé, disaient-ils, « ne peut causer aucun dommage aux intérêts de la République, les acquéreurs s'obligeant à payer la terre 20 livres de rente l'arpent, suivant pour le classement des terres l'évaluation faite pour les sections de la commune, ce qui donne un revenu de 8.280 livres pour les 414 arpens, au lieu de 3.300 livres environ que rapporte la dite ferme, déduction faite de l'indemnité accordée au fermier pour les objets supprimés par l'abolition des droits féodaux, qui se montaient à 3.300 livres environ... ».

Et un peu plus loin, ils ajoutaient : « Quant au village, situé à l'extrémité du département de Paris, sur le penchant de la colline de la plaine de Villejuif à Juvisy, éprouvant, tous les ans, l'éruption des eaux qui rendent les chemins impraticables, la majeure partie de l'année, éloigné des routes de communication, et par là de toute espèce de commerce, les habitans n'ont pour toute ressource que le labour d'environ 600 arpens de terre entre 80 laboureurs, le surplus du terrain étant tenu, savoir 414 de la ferme en question, 600 en petites fermes au nombre de neuf, et ceux des autres paroisses qui cultivent sur le terrain d'Orly. Il résulte de là que les habitans ci-dessus n'ont pas chacun 8 arpens de culture à loyer pour élever leurs familles, et ne peuvent établir leurs enfans faute d'emploi, ne sont pas aussi utiles à la chose publique qu'ils le désiroient... ».

En 1793, le culte catholique fut supprimé à Orly comme partout : le curé, Claude Monsaldy, fut même incarcéré en qualité de suspect, et dut implorer, pour sauver sa vie, le témoignage favorable de la municipalité. L'église, consacrée à la déesse Raison, servait de lieu de réunion pour le Conseil général de la commune ; c'est là que, le 10 frimaire an III, le maire, les officiers municipaux et les notables « assemblés dans le temple » votèrent l'apurement des comptes de l'année 1793 : nous y remarquons 300 livres pour le traitement du maître d'école, 21 livres de dépenses du Comité

1. Voy. à la *Bibliographie*, p. 24.

de surveillance, et environ 150 livres, en plusieurs payements, pour fournitures d'habillements aux volontaires.

Le temps de l'Empire et de la Restauration ne fournit rien qui mérite d'être relevé.

Le 23 octobre 1830, le Conseil sollicitait du Préfet, avec un peu d'emphase, un secours « en faveur d'une commune dont les habitants, sincèrement attachés au gouvernement constitutionnel de Louis-Philippe, sont prêts à sacrifier leur existence pour son maintien. »

La proclamation de la Constitution de 1848 fut célébrée, le 19 novembre, avec autant de pompe qu'avait été fêtée, cinquante-sept ans auparavant, la première Constitution républicaine. Sur le crédit de 600.000 francs, voté à cet effet par l'Assemblée nationale, la commune avait reçu 25 francs, qui furent distribués en pain, vin et viande aux indigents. Du haut d'une estrade élevée sur la place principale, le maire lut le texte de la Constitution, qui fut accueillie par les cris de : Vive la République! La municipalité assista, en corps, à une messe solennelle, à un *Te Deum* et à un salut d'actions de grâces; le soir, il y eut bal public et gratuit.

L'anniversaire de la seconde République fut marqué, le 24 février 1849, par des fêtes analogues; le procès-verbal qui les relate porte que si l'affluence y fut un peu moins nombreuse, c'était à cause des travaux des champs.

La municipalité d'Orly ratifia comme fait accompli l'acte de décembre 1851; elle adressa même au Président de la République de banales félicitations (28 décembre); le Senatus-consulte du 7 novembre 1852, contenant la proclamation de l'Empire, fut lu en public, le 5 décembre suivant; mais au ton même du procès-verbal enregistrant ce fait, il est visible que la population avait manqué d'enthousiasme.

Le 15 septembre 1870, l'armée allemande occupa Orly; la municipalité avait dû chercher un refuge à Paris où elle se réunit au domicile du maire, M. Guérin, 22, boulevard Saint-Michel; c'est là que, pendant la durée de l'investissement, fut la mairie d'Orly. Le VIe corps prussien prit donc position dans le village et installa ses avant-postes, de Choisy à Chevilly, sans que la division de Maud'huy ait pu l'en déloger.

Le 3 janvier 1871, s'accomplit un de ces forfaits barbares que la guerre même ne devrait pas autoriser. Un enfant de dix-neuf ans, Ivan Provost, né au Pré-Saint-Gervais, avait accepté l'héroïque

mission de traverser les lignes ennemies pour porter les dépêches
de Paris au gouvernement à Tours. Une première fois, il avait
réussi et, vaillamment il revenait; mais hélas! cette fois, la fortune
le trahit; reconnu, arrêté à la Belle-Épine, il fut amené à la mairie
d'Orly, convertie en prison, et fusillé le lendemain.

La municipalité n'a fait que son devoir en donnant à ce héros
une sépulture au cimetière; la dalle tumulaire très simple qui abrite
ses restes porte cette inscription:

A LA MÉMOIRE DU BRAVE

IVAN PROVOST

AGÉ DE 19 ANS

MORT POUR LA PATRIE

FUSILLÉ PAR LES PRUSSIENS

LE 3 JANVIER 1871

—

PRIEZ POUR LUI.

Depuis cette douloureuse époque, la commune n'a plus eu
grande part aux faits de l'histoire générale, et ses habitants pour-
suivent, sans faire parler d'eux, leur tâche laborieuse de vignerons
et de cultivateurs. En dépit d'un budget fort modeste, le Conseil
municipal a montré son respect des grandes figures de la Répu-
publique en votant cinquante francs pour l'érection, à Paris, d'une
statue à Raspail (18 novembre 1883), et, le 11 septembre 1894,
vingt francs pour le monument du président Carnot à Lyon, plus
dix francs pour la fondation d'une œuvre philanthropique destinée
à perpétuer sa mémoire.

II. — MODIFICATIONS TERRITORIALES ET ADMINISTRATIVES

Il s'en est fallu de peu que la commune d'Orly n'ait été attribuée
au département de Seine-et-Oise; elle se trouvait, en effet, par sa
distance de Paris, un peu en dehors du cercle de trois lieues
de rayon à partir de la Cathédrale, que les législateurs de 1789
avaient assigné comme limites au département « de Paris » (tel

fut son nom jusqu'à l'an III); mais sur ce point, comme sur quelques autres, le cercle fut un peu agrandi afin de compenser ce qu'on lui diminuait du côté de Sèvres et de Saint-Cloud.

Il est intéressant de rappeler ici que la commune voisine, Villeneuve-le-Roi, réclama avec une certaine vivacité le privilège de faire partie du département qui avait Paris pour chef-lieu, elle adressa un mémoire dans ce sens au directoire du district de Bourg-la-Reine, qui émit un avis favorable; ces pièces, dont le texte ne nous a malheureusement pas été conservé, furent envoyées, le 21 juillet 1791, à l'Assemblée Constituante [1], qui n'accorda pas la faveur demandée.

Dès le début, le chef-lieu du district sud du département avait été fixé à Bourg-la-Reine, et y fut maintenu, en dépit des plaintes formulées par les villes de Sceaux et de Choisy qui ne cessaient de pétitionner à cet effet. Le 24 frimaire an III (24 décembre 1794), le Conseil municipal d'Orly déclara adhérer au vœu de « transfert à Choisy-sur-Seine du district du Bourg-de-l'Égalité », vœu présenté le 22 frimaire précédent. Choisy n'étant éloigné que de trois kilomètres, alors que Bourg-la-Reine l'est de près de dix, les raisons d'Orly étaient assurément fort bonnes; mais la Constitution de l'an III ayant supprimé les districts au mois d'août suivant, la requête n'eut plus d'objet.

Elle fut reprise, par la suite et sous une autre forme, après la création à Sceaux du chef-lieu d'arrondissement sud, institué par la Constitution de l'an VIII. Ce n'est pas ici le lieu d'exposer les nombreuses protestations que fit naître le choix de Sceaux pour ce chef-lieu; il faut cependant noter qu'en 1835, l'administration préfectorale prescrivit une enquête (par arrêté du 20 janvier) à laquelle toutes les communes de l'arrondissement étaient conviées à prendre part. Le 10 février, le Conseil municipal d'Orly opina en faveur de la translation de la sous-préfecture à Choisy-le-Roi; sa délibération est très favorable à cette ville, dont elle met en lumière les avantages : un éloignement suffisant de la capitale, « 5,000 toises », des routes droites et non montueuses, un pont communiquant avec la rive droite de la Seine, des rues bien alignées, une population de plus de trois mille âmes, à la fois industrielle et agricole.

Choisy n'obtint pas, cependant, la réalisation de ses espérances. Quelques années plus tard, le 4 février 1844, la municipalité d'Orly

1. *Archives nationales* F² 1, 493.

reprenait spontanément la question et réclamait à nouveau le chan-gement du siège de la sous-préfecture, mais, cette fois, « sans donner de préférence à telle ou telle localité ».

Elle ne s'en préoccupa plus désormais qu'en 1877, à la suite d'une consultation générale de la Préfecture sur l'opportunité de conserver les deux sous-préfectures du département. A Orly, on fut d'avis, à l'unanimité, de transporter à Paris le siège de la sous-pré-fecture de Sceaux, d'instituer un directeur spécial pour chaque arron-dissement et de donner au Conseil d'arrondissement un nombre de membres proportionné à la population. (Délibération du 11 mars 1877).

Au point de vue cantonal, lors de la grande enquête de 1891 qui aboutit à la loi du 12 avril 1893, le Conseil approuva la nouvelle distri-bution, mais il déclara, aussi à l'unanimité, « que le chef-lieu de canton serait mieux placé à Vitry, qui est le centre du nouveau can-ton, au lieu d'Ivry qui est à l'extrémité du canton, et que les popula-tions de Thiais, de Choisy et d'Orly sont mieux en communication avec Vitry où elles ont de nombreux moyens de communication, et moins de perte de temps, tandis qu'à Ivry il n'y a pas de station de chemin de fer, et une seule voiture, à des intervalles assez éloi-gnés » (Délibération du 31 mai 1891).

C'est cependant Ivry-sur-Seine qui fut préféré.

III. — ANNALES ADMINISTRATIVES. — LISTE DES MAIRES.

A l'origine de la municipalité, c'est-à-dire au commencement de l'année 1790, les services administratifs furent aussi peu compliqués que possible, ainsi que l'attestent les registres de délibération. Non seulement les réunions se tinrent, comme nous l'avons dit, dans l'église pendant la durée de la Révolution, mais encore, il n'y avait même pas de secrétaire de mairie, c'est le maire qui en faisait les fonctions.

Le 9 octobre 1791, les habitants élurent pour receveur de la commune « le sieur Leroy, avocat, commandant de la garde natio-nale »; son traitement ne consistait qu'en remises, qui furent fixées à 15 deniers par livre sur le produit de l'imposition foncière, à

3 deniers sur l'imposition mobilière, et à 3 deniers aussi sur la contribution des patentes (Registre des délibérations).

On conserve aux Archives de la Seine, sous la cote L. IV, l'acte d'adjudication faite le 4 prairial an VI (23 mai 1797) du fermage, pour neuf années consécutives, du produit des arbres et de tout ce qui pouvait croître dans le cimetière. L'adjudicataire était tenu d'accepter les inhumations, de faire les réparations au mur de clôture, de payer le prix de son fermage tous les ans, le 21 brumaire; le bail fut adjugé au citoyen Bonvoisin, au prix de vingt francs.

Ce cimetière existait depuis une cinquantaine d'années, il avait remplacé le champ de repos primitif de la paroisse situé, suivant l'usage, à côté de l'église; il fut lui-même fermé à partir du 18 août 1834, date d'ouverture du cimetière actuel, et il n'y fut plus fait d'inhumations. Le Conseil délibéra, le 10 mai 1840, sur l'utilisation de son terrain, mais la décision fut ajournée à cinq ans à cause des souvenirs trop récents encore dont cette mesure raviverait la tristesse. Ce fut en effet à la date de 1846 que l'emplacement perdit complètement sa destination; des maisons y furent bâties et la rue qu'elles bordaient reçut le nom, un peu trop précis peut-être, de rue de l'Ancien-Cimetière.

Voici, à la date du 5 mai 1828, l'extrait d'une délibération relative à l'instruction primaire :

« ... Le Conseil s'occupe des plaintes multipliées que portent tous les pères de famille sur le défaut d'un instituteur primaire pour les jeunes garçons. Après avoir fait observer au Conseil le peu de moyens de la commune pour rétribuer d'une manière convenable un bon maître d'école, le maire déclare qu'il ne doute point que M. le desservant de la commune ne s'occupe, en ce qui le concerne, à en procurer un qui puisse instruire convenablement les jeunes garçons et remplacer d'une manière plus utile sous tous les rapports, l'instituteur actuel auquel on ne peut du reste rien reprocher que son grand âge et le peu d'habitude d'instruire et de maintenir la jeunesse; que, du reste, l'ordonnance royale de 1824 sur l'instruction primaire venant d'être modifiée par une autre ordonnance royale, il croyait prudent qu'on attendît que cette dernière ordonnance sur cette matière fut mise à exécution avant de former une demande précise, tous les membres du Conseil devant être bien convaincus que M. le desservant de la commune est assez intéressé à avoir un autre instituteur pour qu'il mette un obstable quelconque aux désirs et aux vœux des pères de famille, cet avis étant adopté, le Conseil a clos sa session... »

Le 12 juillet suivant, le Conseil fixait la rétribution scolaire à 2 francs par mois pour les enfants qui apprendront à lire, à écrire et à calculer; à 1 fr. 50 pour ceux qui ne feront que lire.

Le 4 mai 1830, il éleva à 150 francs le traitement de l'instituteur, ainsi que celui de l'institutrice, « en regrettant beaucoup que le peu de revenus de la commune ne lui permette pas de pouvoir faire mieux en leur faveur ».

Au commencement du règne de Louis-Philippe, le percepteur de la circonscription avait sa résidence à Chevilly; il demande à la transférer à Thiais. Par délibération du 18 février 1836, le Conseil d'Orly déclara « ce transfert très utile et nécessaire dans l'intérêt des contribuables, la commune de Chevilly n'étant composée que de huit à dix habitations environ, et d'un abord difficile ».

C'est à la séance du 4 août 1839 que le Conseil eut, pour la première fois, à s'occuper du trafic du chemin de fer d'Orléans et de Corbeil, traversant la partie orientale du territoire de la commune et coupant le chemin de « Bouvret ». Le Conseil obtint que la voie franchît ce chemin en passage supérieur à angle droit et non obliquement comme l'indiquaient les premiers projets.

Le 20 septembre 1840, la ligne fut ouverte entre Paris et Corbeil; les stations de Choisy-le-Roi et d'Ablon, qui furent dès lors créées, mirent Orly en communication avec la voie nouvelle, qui fut prolongée jusqu'à Orléans à dater du 2 mai 1843. Par la suite, un service de voitures publiques fut créé entre Orly et Choisy, à une date que nous ne pouvons préciser, mais certainement avant 1870; interrompu par la guerre, il ne fut rétabli que le 2 avril 1875, ainsi que l'atteste une délibération du 2 mai approuvant le traité passé par le maire avec l'entrepreneur, dont la subvention n'était alors que de 600 francs.

La section du chemin de fer de Grande Ceinture dénommée, suivant les termes du décret de concession, ligne stratégique de Massy-Palaiseau à Villeneuve-Saint-Georges, quoiqu'en réalité elle aille de Sucy-Bonneuil à Massy-Palaiseau sans passer par Villeneuve-Saint-Georges, a fait l'objet d'une délibération du Conseil municipal, le 24 août 1879 lors des premières études du tracé (la section n'a été ouverte qu'en 1886). Une gare devait être établie sur un point à déterminer entre Villeneuve-le-Roi (Seine-et-Oise) et Orly; le Conseil délibéra que cet emplacement ne serait d'aucune utilité pour les deux communes et que la gare ne rendrait des services, qu'à condition d'être aussi près que possible du village, et dans le département de la Seine. C'est ce qui a été fait, et une nouvelle délibération, du 12 septembre 1880, approuva le tracé définitif.

Le 12 mai 1882, le Conseil déclara s'opposer de la façon la plus énergique à la création de la fabrique de linoleum projetée au lieu dit la Remise-des-Faisans; cette industrie s'y établit, cependant, mais en vertu d'un arrêté du Préfet de police, daté du 17 octobre 1883, qui règlementait les conditions de la fabrication de façon à donner autant que faire se pouvait, satisfaction aux réclamations de la municipalité.

MAIRES D'ORLY

CORNU, Charles. Maire mentionné en 1791.
BARRET, Louis. Maire élu le 20 novembre 1791.
BONVOISIN. Agent national en l'an iii.
PUYFORCAT. Agent national en l'an iv.
ROUX, François. Maire, 1805-1810 (mort le 7 avril).
CHEVETEL, Valentin-Marie-Magloire. Mai 1810-1831.
LEROY DE LA BRIÈRE, Furcy-Marie-Henri-Nicolas. 1831-1848.
SALMÉ, Jean. 1848-1849.
BARON, Pierre-Denis. 1849-1865.
GUÉRIN, Auguste-Louis. 26 août 1865. Constamment renommé ou réélu depuis.

IV. — MONUMENTS ET ÉDIFICES PUBLICS.

Église. — Nous avons dit plus haut (p. 9) la part glorieuse que l'église d'Orly avait prise, en 1360, dans les annales du bourg; c'est de ce moment, sans doute, que date la ruine de sa tour, qui n'a pas été réédifiée. La nef actuelle existait peut-être alors déjà; basse et obscure avec ses arcades en plein cintre, elle a intrigué les archéologues qui, en petit nombre, en ont parlé. Au siècle dernier, Lebeuf en disait « qu'il n'y a rien qui mérite d'y être comparé »,— ce qui est bien peu explicite. De notre temps, Guilhermy ne s'est pas compromis davantage en déclarant qu'elle est sans caractère, — et faute de documents, nous imiterons cette réserve.

Le chœur, lui, est certainement de la Renaissance; il est plus élevé, mieux éclairé que la partie antérieure de l'édifice, et il semble que ceux qui le firent construire n'aient été empêchés que par le manque d'argent de traiter tout le monument dans le même style.

A plusieurs reprises depuis le commencement du siècle, des travaux de restauration importants ont été nécessaires; une ordonnance royale du 1er septembre 1825 a autorisé la commune à s'imposer extraordinairement une contribution de quatre mille francs pour solde des frais de réparation faits alors.

Des inscriptions, gravées sur marbre blanc et fixées sur chacun des côtés du maître-autel, constatent que cet autel a été érigé le 22 janvier 1860 par l'abbé Faure, curé d'Orly, avec le concours de ses paroissiens, et consacré le 22 janvier 1861 par Monseigneur G. Alouvry, représentant l'archevêque de Paris.

Dans la chapelle absidale se lit une inscription « à la mémoire du baron Pierre Thouvenot, lieutenant-général, officier de la Légion d'honneur, chevalier de Saint-Louis, enterré à Orly, 1817 ».

Plusieurs vitraux du chœur ont été donnés à la fabrique en 1869 et portent les noms et les armoiries des donateurs, MM. Chodron et Lupin.

En dehors de l'église, du côté sud, sur l'emplacement du cimetière primitif (voy. p. 18) s'élève une croix sur le socle de laquelle on lit :

L'AN DE N. S. JÉSUS-CHRIST 1858

CETTE CROIX ÉRIGÉE

SUR LES CENDRES DE NOS PÈRES

PAR M. L'ABBÉ J.-P.-D. FAURE

AVEC LE PIEUX CONCOURS

DE SES PAROISSIENS

A ÉTÉ BÉNIE PAR SON

EM. MGR. LE CARDINAL MORLOT

ARCHEVÊQUE DE PARIS.

Presbytère. — C'est à la séance du 16 mars 1813 que le maire, donna communication d'une lettre par lui reçue le 9 mars, et où il était informé du legs fait à la commune par Mlle Marie-Angélique Legras d'une somme de six mille francs pour faire construire un presbytère. Jusque-là, en effet, les curés étaient logés dans une maison prise en location. La municipalité fixa son choix sur la maison qui, aujourd'hui encore, sert à la demeure du desservant, et est situé place de la Croix et place de l'Église; les négociations d'acquisition et l'acte de vente ont été transcrits au registre des délibérations municipales à la suite d'une décision du 31 juillet 1814; le prix d'achat par la commune fut de 5.500 francs.

Mairie et écoles. — On a vu plus haut que, durant la période révolutionnaire, les habitants s'assemblaient dans l'église pour traiter des affaires municipales; plus tard, à partir de 1810, les budgets communaux portent aux dépenses annuelles une somme de soixante francs « pour location de la maison commune ». Cette situation ne prit fin que vingt-cinq ans après. Par délibération du 22 mars 1835, le Conseil reconnut l'avantage d'avoir une mairie et des écoles et décida l'acquisition d'un local situé sur la place de la Mairie, dans la partie ouest, et appartenant au sieur Genty, maître-charron. Le terrain était évalué 5.000 francs; les devis sur les plans de Molinos, architecte du département, atteignirent 9.411 fr. 70, plus 588 francs pour frais d'acquisition; au total, environ 15.000 francs sur lesquels le Conseil ouvrit un crédit de 3.000 francs et déclara compter sur les pouvoirs publics pour l'aider à parfaire la somme.

Les écoles ont été reconstruites en 1858.

Châteaux. — Les « deux grandes maisons avec parc » que mentionne la pétition de 1792, citée plus haut (p. 12) sont en réalité deux châteaux du XVIIe siècle, dont l'un, situé dans la partie nord du village, est d'un fort bel aspect avec son parc traversé par une rivière et ses luxueuses serres, appartient à M. Guérin, maire actuel d'Orly; l'autre, au sud-est, avec des dépendances qui couvrent une partie de la plaine dans la direction de la route de Fontainebleau est aujourd'hui la propriété de M. Schæffer, concessionnaire du buffet de la gare d'Orléans à Paris, qui a établi dans le parc d'importantes cultures de vignes et de produits horticoles. Construit, comme nous l'avons dit, par les d'Ormesson [1], il resta fort longtemps dans cette famille; puis, passa au maréchal de Coigny. En 1808, il fut acquis par M. Claude-François Chodron, notaire à Paris [2].

---

[1]. Il existe à la Bibliothèque nationale, département des Estampes, topographie de la France, Seine, arrondissement de Sceaux, t. IV, une série de plans « du château appartenant à M. d'Ormesson » les uns géométraux, les autres en élévation.

[2]. MM. de Courcel, petits-fils de M. Cl.-F. Chodron, ont bien voulu accéder au désir que nous leur avions exprimé, et rédiger sur le château d'Orly une note dont voici les parties essentielles:

« Le nouveau propriétaire appartenait à une ancienne famille lorraine qui,

Borne de triangulation. — Sur l'accotement de la route nationale n° 7, au-delà du 14e kilomètre, se voit une borne sur laquelle est gravée l'inscription suivante :

BASE DE PARIS
TERME MOYEN
1890

Il résulte des explications fournies par le service des Ponts-et-Chaussées du département, que cette pyramide renferme à l'intérieur un repère, déterminé en 1890 par M. le colonel Bassot, chef de la section de géodésie au service géographique de l'armée, afin de vérifier l'établissement du tracé de la méridienne de Paris, effectué, en 1745, sous la direction de Cassini.

---

depuis la fin du XIIIe siècle, comptait dans le patriciat des cités de Toul et de Metz.

« Sa famille ayant perdu, au moment de la Révolution, l'office de greffier en chef du baillage et siège présidial de Toul, il était venu à Paris où le comte de Lally-Tollendal le prit pendant quelque temps comme secrétaire particulier; puis il avait obtenu l'une des charges de notaires, mises au concours en 1795. Dans l'exercice de cette charge, M. Chodron se lia d'amitié avec les principaux personnages de l'époque, parmi lesquels, en parculier, le célèbre prince de Talleyrand; quelques-uns, le baron Louis, l'amiral de Rigny, le baron Thouvenot (qui mourut accidentellement chez son ami, le 21 juillet 1817), étaient, comme lui, originaires de Toul. Grâce à ces relations, Orly devint le rendez-vous d'une société choisie; Mme Catalani en enchanta plusieurs fois les hôtes par son admirable talent de cantatrice.

« Claude-François Chodron mourut en 1836. Son tombeau, qui porte une inscription tumulaire très simple, existe encore aujourd'hui, dans la plaine haute d'Orly, aux sources dites de la Jonchère et y occupe un petit enclos boisé.

« Après sa mort, le domaine passa à son fils aîné, Adolphe, puis aux enfants de celui-ci : Alfred, qui mourut en 1887 et avec qui s'éteignit la branche aînée de la famille, et Louise, mariée à un peintre de talent, Charles Le Cointe. La descendance masculine est représentée aujourd'hui par trois frères MM. Chodron de Courcel, établis dans les communes d'Athis-Mons et de Vigneux (arrondissement de Corbeil), et dont l'aîné, M. le baron de Courcel, sénateur de Seine-et-Oise, a été successivement notre ambassadeur à Berlin et à Londres.

« Le château d'Orly fut acquis en 1874 par M. Schæffer ».

BIBLIOGRAPHIE

L'abbé Lebeuf, *Histoire du diocèse de Paris*, t. IV, pp. 435-438 de l'édition de 1883.

Pétition à Messieurs de l'Assemblée Nationale, seconde législature de l'an IV de la liberté, sur l'impôt à payer; s. l. n. d. in-4º, 14 pp. (Bibliothèque nationale Lk 7 5958).

Adresse à la Convention Nationale, présentée par la commune d'Orly. *Paris*, s. d. in-8º; 8 pp. (Bibliothèque nationale Lk 7 5959).

Mémoire relatif à l'installation projetée d'une fabrique de linoleum dans la plaine d'Orly (Seine), par Jules Grolous, chimiste, conseiller municipal de Choisy-le-Roi; *Choisy-le-Roi*, 1883, in-8; 8 pp.

Compte-rendu (par M. Guérin, maire), des améliorations et travaux exécutés dans la commune d'Orly, de 1865 à 1884; *Paris*, imprimerie Gauthier-Villars, in-8; 8 pp.

Fernand Bournon

RENSEIGNEMENTS

ADMINISTRATIFS

I. — TOPOGRAPHIE, DÉMOGRAPHIE ET FINANCES

---

§ I. — TERRITOIRE ET DOMAINE

A. — TERRITOIRE

Nom. — Orly.

Dénomination des habitants. — Orlisiens.

Armoiries. — Néant.

Limites du territoire. — La commune d'Orly, la plus avancée vers le sud du département de la Seine, est bornée :

Au Nord, par Thiais et Choisy-le-Roi ;

A l'Est, par la Seine, dont la rive gauche seulement appartient à son territoire, l'autre rive se trouvant sur le sol de Villeneuve-Saint-Georges (Seine-et-Oise) :

Au Sud, par Villeneuve-le-Roi (Seine-et-Oise) ;

A l'Ouest, par Paray (Seine-et-Oise), dont elle est séparée par la route nationale n° 7, de Paris à Antibes.

Quartiers, hameaux, écarts. — La Vieille Poste, hameau qui tient son nom du relais des courriers et diligences qui suivaient la route de Fontainebleau, est située tout au sud-ouest de la commune et n'a qu'une partie de ses constructions, dont une ferme très importante, sur le territoire d'Orly. Les autres sont sur le sol de Paray, entre autres la mairie et les écoles de ce dernier pays qui occupent un élégant bâtiment moderne.

Grignon est un hameau qui se trouve appartenir en partie à Thiais, en partie à Orly; d'Orly dépendent le noviciat des PP. du Saint-Esprit et une belle propriété privée, situés tous deux dans la grande rue de Grignon (chemin vicinal n° 2 — *Voie de Grignon à Orly* ou *de l'Étrille*).

La remise des Faisans ou la Faisanderie est un écart près la route départementale n° 25 où se trouve, en bordure du chemin de la remise des Faisans (vicinal n° 10) et limitrophe de Choisy-le-Roi, une importante fabrique de linoleum (Voir III. — *Principales industries*, p. 50).

Le long du ru d'Orly, bordés par la voie de Bouvray (chemin vicinal n° 3) et le chemin de halage, sont groupés quelques constructions et un moulin; cet écart s'appelle l'Ermitage.

Lieux dits. — Les Flouviers, les Roses, Grignon, le Noyer Grenot, les Hautes Bornes, le Puits Dixme, les Carrières, Grattecoq, les Clos, la Pierre aux Prêtres, la Voie des Saules, le Trou Renard, la Croix Blanche, le Clos Pantin, le Brichet, les Bas Clos, les Montins, le Trou d'Enfer, la Jonchère [1], la Pointe, la Petite Voie, le Nouvelet, les Machoires, le Trou à Glaise, le Sureau, le Chemin de la Vieille Poste, la Butte aux Bergers, les Vallières, les Grouettes, les Vœux, les Grands Vœux, le Manche de Houe.

Superficie de la commune. — La superficie actuelle du territoire est de 634 h. 83 a. 86 c., dont:

Propriétés bâties	4 h. 82 a. 36 c.
Propriétés non bâties . . .	630 h. 1 a. 50 c.
Total égal	634 h. 83 a. 86 c.

Arrondissement. — Sceaux.

Canton. — Ivry-sur-Seine.

---

1. A droite du chemin de la Jonchère, dit aussi du Trou à Glaise (chemin vicinal n° 1), se trouve le tombeau de M. Chodron.

Circonscription électorale législative. — Troisième Circonscription de l'arrondissement de Sceaux.

Sectionnement électoral. — Pas de sectionnement.

Bureau de vote. — Un seul bureau de vote, à la Mairie.

Circonscription judiciaire. — Justice de paix de Villejuif.

Circonscription de commissariat. — Commissariat de police de Choisy-le-Roi.

Orographie. — Point le plus haut au-dessus du niveau de la mer: 85ᵐ (toute la partie sud-ouest de la commune.)

Point le plus bas: 35ᵐ (toute la partie est, baignée par la Seine).

Hydrographie. — La Seine longe, à l'est, la commune d'Orly sur une étendue de 1.200 mètres.

Dans le parc de M. Guérin, maire d'Orly, une grande rivière factice, alimentée par les sources du plateau de Rungis, serpente autour du château et se déverse, au moyen de conduites, dans le lavoir public situé dans le haut du village et dans l'abreuvoir communal, après avoir traversé plusieurs propriétés; de là, les eaux sont distribuées dans toutes les voies du village, dans un état permanent de propreté et de salubrité. Une prise d'eau, faite dans le haut du château, alimente les fontaines publiques du village et donne naissance au ru d'Orly [1], qui sort de terre au lieu dit « les Bas Clos » et se jette dans la Seine, après un parcours de 2.960 mètres, tout entier sur le territoire de la commune.

(1)

DÉSIGNATION des COURS D'EAU	LOCALITÉS du département situées SUR LES COURS D'EAU	LIMITES dans le département DES COURS D'EAU ou de leurs sections		LONGUEURS comprises dans le DÉPARTEMENT		LARGEUR MOYENNE des cours d'eau ou de leurs sections	PENTE TOTALE par cours d'eau ou par section	SURFACE DU VERSANT de chaque cours d'eau dans le DÉPARTEMENT
		A L'AMONT	A L'AVAL	PAR SECTION	PAR COURS D'EAU			
				mèt.	mèt.	mèt.	mèt.	m. car.
Ru d'Orly.	Orly	Orly	Seine	2.960	2.960	0,45	36,80	»

B. — DOMAINE

Mairie. — La mairie est située au centre du village. C'est un bâtiment d'aspect extrêmement simple, à trois fenêtres de façade ; il comprend : au rez-de-chaussée, le logement du garde champêtre, qui est en même temps concierge de la mairie, et, au 1er étage, la salle du Conseil qui sert aussi de salle des mariages, et le cabinet du secrétaire. La superficie du terrain est de 15o mètres.

Son acquisition, en 1835, coûta, avec les aménagements, 15.000 francs ; cette somme comprenait aussi la dépense des bâtiments d'école.

Écoles. — Les écoles [1] faisaient un tout avec la mairie. Leur reconstruction, en 1858, sur le même terrain qu'elles occupaient auparavant et avec les mêmes matériaux, coûta 28.614 fr. 64. Dans ce chiffre était comprise une restauration de la mairie.

La superficie du terrain occupé est de 8 ares. Le bâtiment est situé place de la Mairie.

Église. — L'église, sous le vocable de saint Germain de Paris, est située place de la Mairie et place de la Croix. La superficie du terrain est de 5 ares 22 ; le monument, très ancien, appartient à la commune.

Presbytère. — Le presbytère est situé place de la Croix. Il a été acquis en 1814, au moyen d'une donation. Sa superficie, à cette époque, était de 1 are 24. Par suite de divers agrandissements, il occupe aujourd'hui, avec le jardin, une superficie de 7 ares 20 et peut être estimé environ 8.000 francs.

Cimetière. — Le cimetière actuel, ouvert en remplacement de l'ancien qui se trouvait au centre du pays, à l'angle de la rue des Caves et de la rue de l'Ancien-Cimetière, est situé rue des Caves. Sa superficie est de 14 ares 73 centiares. Il a été acheté, en 1833, au prix de 1.05o francs et les travaux nécessaires à son affectation ont donné lieu à une dépense de 9.000 francs.

Son ouverture date du mois d'août 1834.

Il a été agrandi en 1865, moyennant une dépense de 5.5oo francs.

---

1. Avant 1835, les écoles, qui ne comportaient qu'une classe mixte, s'étaient successivement tenues dans trois maisons particulières, puis chez les sœurs.

Le caveau dépositoire a été construit en 1887, et a coûté 991 fr. 31.

Tombe militaire. — Un terrain de 1^m,50 sur 2 mètres, situé au fond du cimetière, à gauche, contient les restes anonymes de 18 soldats allemands. La tombe est entourée d'une haute grille et le sol en est occupé par un arbre vert. Il n'y a pas de dalle tumulaire.

Un terrain de 2 mètres sur 1 mètre, situé sur le côté gauche du cimetière, contient les restes d'Ivan Provost (voir plus haut p. 15).

Hospice. — Néant.

Hôpital. — Néant.

Morgue. — Néant.

Crèche. — Néant.

Dispensaire. — Néant.

Fourneau économique. — Néant.

Théâtre. — Néant.

Abattoir. — Pas d'abattoir public, mais une tuerie particulière chez le seul boucher-charcutier de la localité.

Fourrière. — Néant.

Terrains communaux. — La commune possède, au lieu dit « le Grattecoq », 4 ares 94 centiares de terre de culture, qui sont loués 12 francs par an; au lieu dit « les Vœux » 33 ares 90 centiares, en friche, servant de sablière; plus 7 ares 95 centiares, acquis le 4 décembre 1887, et servant de jardin aux instituteurs.

Fort. — Néant.

§ II. — DÉMOGRAPHIE

A. POPULATION

Les dénombrements faits depuis 1801 donnent les résultats suivants :

```
1801. . . . . . . . . . . . . . . . . . . . . . . . . . . . .    488 (1)
1817. . . . . . . . . . . . . . . . . . . . . . . . . .    536
1831. . . . . . . . . . . . . . . . . . . . . . . . . . . .    553
1836. . . . . . . . . . . . . . . . . . . . . . . . . . . .    558
1841. . . . . . . . . . . . . . . . . . . . . . . . . . . .    581
1846. . . . . . . . . . . . . . . . . . . . . . . . . . . .    542
1851. . . . . . . . . . . . . . . . . . . . . . . . . . . .    570
1856. . . . . . . . . . . . . . . . . . . . . . . . . . . .    588
1861. . . . . . . . . . . . . . . . . . . . . . . . . . . .    659
1866. . . . . . . . . . . . . . . . . . . . . . . . . . . .    755
1872. . . . . . . . . . . . . . . . . . . . . . . . . . . .    704
1876. . . . . . . . . . . . . . . . . . . . . . . . . . . .    689
1881. . . . . . . . . . . . . . . . . . . . . . . . . . . .    666
1886. . . . . . . . . . . . . . . . . . . . . . . . . . . .    818
1891. . . . . . . . . . . . . . . . . . . . . . . . . . . .    839
1895. . . . . . . . . . . . . . . . . . . . . . . . . . . .    882
```

Le chiffre de la population de la commune a donc presque doublé depuis le commencement du siècle.

Les tableaux dressés à la suite du dernier recensement contiennent les renseignements suivants :

Population *résidente* : 882.

```
Résidents présents . . . . . . .    831  ⎞
    —        absents. . . . . . . .      1  ⎬  882 habitants.
Population comptée à part . . .     50  ⎠
```

1. Un siècle auparavant, en 1709, lors du dénombrement des paroisses de la Généralité de Paris, la population d'Orly ne comprenait que 95 feux *(Appendice* (p. 424) *au Mémoire de la Généralité de Paris pour l'instruction du duc de Bourgogne*, publié, dans la collection des documents inédits de l'histoire de France, par M. de Boislisle).

La population *recensée comme présente,* le 29 mars 1896, se décompose ainsi :

	ENFANTS ou célibataires	MARIÉS	VEUFS	DIVORCÉS	TOTAL
Hommes...............	268	191	22	»	481
Femmes..............	167	193	49	»	409
	435	384	71	»	890

La population d'Orly, au point de vue de la provenance, se divise ainsi :

8/15es d'habitants venus de divers points de la France ;

6/15es d'habitants nés à Orly ;

1/15e d'Alsaciens et d'étrangers.

Le classement de cette population par nationalité est résumé dans le tableau suivant :

		HOMMES	FEMMES	TOTAL
Français	Nés de parents français............	458	401	859
	Naturalisés...................	»	8	8
Étrangers	Allemands....................	3	»	3
	Anglais......................	3	»	3
	Américains...................	1	»	1
	Belges.......................	9	»	9
	États-Unis...................	1	»	1
	Portugais....................	2	»	2
	Russes......................	1	»	1
	Suisses	2	»	2
	Autres nationalités	1	»	1
		481	409	890

Les départements de la France qui fournissent à la commune le plus fort contingent sont :

Seine (non compris Orly) . . . . 107 habitants

Seine-et-Oise. . . . . 92 —

Nièvre. . . . . 46 —

Seine-et-Marne. . . . . 29 —

Yonne. . . . . 21 —

Loiret . . . . 15 —

En résumé, la population d'Orly est ainsi répartie d'après le lieu de naissance :

```
Français  . . . .      867  dont . . . .    338  nés dans la commune.
Étrangers. . . .        23  dont . . . . .    »         —
Soit un total de. .    890  habitants, dont 338  nés dans la commune.
```

Dans l'année 1895, l'état civil a enregistré :

```
21 naissances;
24 décès;
 4 mariages;
 » divorces.
```

B. — HABITATIONS

Nombre de maisons : 161.

```
Habitations composées d'un rez-de-chaussée . . . . . . .   16
        —                 d'un étage . . . . . . . . . . .  135
        —                 de deux étages . . . . . . . . .    9
        —                 de trois étages ou plus . . . . .    1
                                    Total. . . . . . . . .  161
        dont . . . . . . . . . . . .  158 occupées
        et . . . . . . . . . . . . . .   3 vacantes.
Nombre de logements : 244, occupés par. . . .   24 isolés
                                         et . . . .  220 familles.
        4 ateliers.
        3 magasins ou boutiques.
```

C. — DIVERS

Électeurs inscrits en 1896. — 239.

Recrutement. — 8 conscrits ont tiré au sort en 1896.

Chevaux. — 92 chevaux, appartenant à 33 propriétaires :

```
Chevaux entiers . .   40 dont  3 au-dessous de 6 ans et 37 au-dessus
Chevaux hongres. .    44 dont  2         —              42     —
Juments. . . . . . .   8 dont  »         —               8     —
Totaux . . . . . .    92  —    5         —              87     —
```

Voitures. — 63 voitures, appartenant à 33 propriétaires :

```
29 à 2 roues, attelées de 1 cheval
32     —           —      de 2 chevaux
 2 à 4 roues, attelées de 1 cheval
 »     —           —      de 2 chevaux
Total . . .   63
```

§ III. — FINANCES

A. — CONTRIBUTIONS

Principal des contributions directes en 1896 :

Contribution foncière . . . .   8.702 »
—   personnelle et mobilière. . . . .   2.259 »
—   des portes et fenêtres . . . . . .   1.580 »
—   des patentes 1.904,27
                                 Total 14.445,27

Perception des contributions.— La commune dépend de la perception de Choisy-le-Roi. Le percepteur de cette circonscription se tient à la mairie d'Orly le 2ᵉ mardi de chaque mois, de 11 heures à 3 heures. On se rend souvent aussi au bureau du percepteur, 7, rue de la Halle, à Choisy, ouvert les mercredis, jeudis et vendredis, de 11 heures à 3 heures.

B. — OCTROI

Pas d'octroi dans la commune.

C. — FINANCES COMMUNALES

Recettes ordinaires d'après le compte de 1895.   17.946,60
—   extraordinaires   —   —   .   1.878,28
                                 Total. . . . .   19.824,88 [1]

Dépenses ordinaires d'après le compte de 1895.   18.824,31 [2]
—   extraordinaires   —   —   .   1.442,40 [2]
                                 Total. . . .   20.266,71 [3]

1. Ces recettes constituent les ressources normales de la commune.

2. Non compris les restes à payer devant figurer au compte administratif de l'année suivante.

3. Ce total représente les dépenses normales de la commune.

Les dépenses se répartissent ainsi entre les principaux services:

    1º Administration et police 3.609,25
    2º Voirie. 7.150,62
    3º Bienfaisance.   721,50
    4º Enseignement. 2.476,77
    5º Dépenses diverses 4.487,54

Emprunts. — Néant.

Secours. — La commune a reçu, à différentes reprises, depuis 1890, des secours pour l'exécution des travaux énumérés ci-après :
Année 1891. — Réparation des conduites de fontaines : 540 fr.
Année 1892. — Exécution de divers travaux : 1.500 francs.
Année 1894. — Travaux de canalisation : 2.272 francs.

Valeur du centime en 1896. — 144 fr. 13.

Nombre de centimes. — 70 centimes, dont 2 extraordinaires, non compris les 3 centimes pour frais de perception des impositions communales.

Charges par habitant. — 19 fr. 20.

Receveur municipal. — Le percepteur des contributions de Choisy-le-Roi remplit les fonctions de receveur municipal de la commune d'Orly.
Il reçoit, à cet effet, un traitement de 808 francs.

II. — SERVICES PUBLICS

§ I. — BIENFAISANCE

Bureau de Bienfaisance. — Cet établissement charitable distribue aux indigents des secours en nature : pain, viande et combustible et leur fait donner, en cas de maladie, les soins nécessaires.

Un médecin de Choisy-le-Roi, attaché au Bureau de Bienfaisance, reçoit une indemnité annuelle de 40 francs.

Huit familles, représentant 18 individus, sont inscrites au Bureau de Bienfaisance.

En outre, le Bureau distribue, chaque hiver, des secours à des indigents non inscrits.

D'après la dernière situation financière, les recettes du Bureau se sont élevées à 1.017 francs, dont 200 francs de subvention communale, et les dépenses à 813 fr. 55.

Il n'a pas été fait de legs en faveur du Bureau de Bienfaisance.

Les revenus de l'établissement étant inférieurs à 30.000 francs, c'est le receveur municipal qui est, de droit, trésorier du Bureau ; il reçoit, à cet effet, une indemnité annuelle de 30 francs.

Hospice. — Néant.

Hôpital. — Néant.

Traitement des malades dans les hôpitaux de Paris. — Les malades de la commune sont envoyés en traitement dans les hôpitaux de Paris.

Conformément aux délibérations du Conseil général, du 3 avril

1890, et du Conseil municipal, du 28 septembre 1890, la commune paye un abonnement basé sur le nombre moyen des journées de traitement des trois années précédentes, à raison d'un franc par jour et par malade.

La somme payée, pour l'année 1895, a été de 161 fr. 50.

Assistance à domicile. — Par délibération en date des 18 décembre 1895 et 26 avril 1896, le Conseil général a fait inscrire au budget départemental une somme annuelle de 50.000 francs, destinée à subvenir à l'assistance à domicile des vieillards indigents, infirmes et incurables. La part contributive du département sera déterminée par l'Administration et devra correspondre au tiers de l'allocation municipale qui, d'ailleurs, est facultative.

Les conditions d'âge sont 65 ans pour les indigents valides ; elles ne sont pas applicables aux infirmes et incurables. Il faut, en outre , avoir séjourné depuis 10 ans à Paris ou dans une commune du département.

En 1896, aucune disposition n'a été prise par la commune.

Aliénés. — Il n'y a pas eu d'aliénés, ayant à Orly leur domicile de secours, qui aient donné lieu à des dépenses depuis l'année 1894, où la somme payée a été de 60 fr. 58.

Les proportions pour lesquelles les communes du département de la Seine doivent contribuer aux dépenses des aliénés ont été fixées par délibération du Conseil général, en date du 27 décembre 1886, à 20, 25, 30, et 35 % sur la dépense totale, suivant le revenu de la commune.

Orly doit contribuer pour 25 % à la dépense d'entretien des aliénés à sa charge.

Enfants assistés. — L'hospice des Enfants Assistés par le département de la Seine est situé à Paris, rue Denfert-Rochereau, nos 72 et 74. La part afférente à la commune, pour 1895, a été de 220 fr. 92.

Enfants moralement abandonnés. — Le contingent à fournir par la commune dans la répartition des dépenses, pour l'année 1895, s'est élevé à 57 fr. 31.

Protection des enfants du 1er âge. — En 1895, il n'y a pas eu de déclarations faites en vertu de l'article 7 de la loi du 23 décembre 1874.

Les déclarations d'élevage faites par les nourrices de la localité ont été de 7 enfants, tous nés dans le département de la Seine.

Crèche. — Néant.

Dispensaire. — Néant.

Fourneau économique. — Néant.

Secours aux familles des réservistes. — Un crédit de 98 francs est inscrit au budget de 1896, pour être distribué aux familles nécessiteuses des soldats de la réserve et de l'armée territoriale.

Propagation de la vaccine. — Les enfants sont vaccinés à leur naissance.

Un médecin de Choisy vaccine gratuitement, une fois par an, au mois de mai, les habitants d'Orly qui le désirent. Il y a eu 5 vaccinations en 1896.

De plus, en exécution des prescriptions d'une circulaire préfectorale du 14 février 1894, les enfants des écoles publiques sont vaccinés et revaccinés aux frais du Département, par les soins de l'Institut de vaccine animale, rue Ballu, n° 8, à Paris.

Caisse des Écoles. — Conformément aux dispositions de l'article 15 de la loi du 10 avril 1867, une caisse des écoles a été créée le 24 octobre 1891.

Situation en 1895 :

Recettes

Cotisations	32 »
Subvention communale	50 »
Subvention départementale	100 »
Intérêts à la Caisse d'épargne postale	16,57
Total	198,57

Dépenses

15 livrets de Caisse d'épargne à 5 francs	75 »
Encadrement de 5 certificats d'études	10,65
Total	85,65

Actif de la caisse

Reliquat	112,92
Capital à la Caisse d'épargne postale	599,92
Total général	712,84

§ II. — ENSEIGNEMENT

École de garçons. — Cette école comprend une classe et est fréquentée par 64 élèves; l'instituteur est logé à l'école.

École de filles. — Cette école comprend une classe et est fréquentée par 56 élèves; l'institutrice est également logée à l'école.

École maternelle. — Par délibération du 27 novembre 1895, le Conseil municipal a décidé d'appliquer les fonds à provenir du legs Basset à la création d'une école maternelle et enfantine [1].

Enseignement du chant, du dessin et de la gymnastique. — Le chant, le dessin et la gymnastique sont enseignés par l'instituteur, dans les limites du programme.

Admission dans les écoles primaires supérieures et professionnelles de la ville de Paris. — Néant.

Dons et legs faits aux écoles. — Néant.

Bibliothèque scolaire. — La bibliothèque scolaire, fondée en 1883, comprend 194 volumes.

Des prêts sont faits aux enfants des écoles et à leurs familles.

Le Conseil municipal a voté, en 1895, 251 fr. 50 pour l'entretien de la bibliothèque scolaire et pour achat de livres.

Association philotechnique. — Néant.

---

1. Par un testament olographe du 15 décembre 1892, M. Germain-Philippe Basset, décédé à Paris le 18 décembre 1892, a institué les communes d'Orly (Seine) et Yerres (Seine-et-Oise) ses légataires, à titre universel, conjointement pour un quart de sa fortune, évaluée à 464.882 fr. 99. (Décret du 9 avril 1896, autorisant le maire d'Orly à accepter le legs).

§ III. — VOIRIE

La longueur des voies de communication qui sillonnent le territoire de la commune est de :

1 route nationale	2.010 mètres
1 route départementale	1.000 —
1 chemin vicinal de grande communication. .	3.088,30 —
5 chemins vicinaux ordinaires.	5.220 —
25 chemins ruraux	13.600 —
Voirie urbaine.	1.100 —
Total	26.018,30 —

Route nationale. — La route nationale n° 7, *de Paris à Antibes,* *(route de Fontainebleau)* borde le territoire d'Orly sur une longueur de 2.010 mètres, en ligne absolument droite, et forme, sur toute cette étendue, la limite entre les départements de la Seine et de Seine-et-Oise.

Dans cette partie de son parcours, la chaussée a 7 mètres de largeur et est encadrée de deux trottoirs de 9ᵐ,78 de largeur, plantés chacun d'une file d'arbres. La chaussée est pavée dans toute sa longueur; son état laisse à désirer.

Route départementale. — La route départementale n° 25, *de* *Paris à Villeneuve-le-Roi* (anciennement n° 68, de Choisy à Orly) traverse le territoire d'Orly sur une longueur de 1.000 mètres.

De la limite nord de la commune jusqu'au pont d'Orly, soit sur une longueur de 662 mètres, la chaussée a 6 mètres de largeur, et les trottoirs, y compris les fossés, ont 7ᵐ,80 et sont plantés chacun d'une file d'arbres.

Le pavage est en bon état.

Du pont d'Orly à la limite du département, soit sur 338 mètres, la route n'a plus que 10 mètres de largeur comprenant deux trottoirs, chacun de 2ᵐ,50, et une chaussée de 5 mètres, composée d'un empierrement central de 3ᵐ,40 et de deux caniveaux pavés, de 0ᵐ,80 chacun.

Cette partie est également en bon état, mais la circulation est gênée par le coude existant aux abords du pont d'Orly ; des propositions sont présentées pour faire disparaître cette inconvénient et pour supprimer, en même temps, un cassis voisin.

Chemin vicinal de grande communication. — Le chemin vicinal de grande communication n° *64, de Rungis à Orly* (ancien n° 42) a une longueur de 3 k. 088^m,30 ; il part de la route nationale n° 7 et se termine à la route départementale n° 25, après avoir traversé toute la partie occidentale de la commune, y compris le village.

La chaussée, d'une largeur uniforme de 6 mètres, est pavée et pourvue de bordures sur 1 k. 311^m,30 ; elle est empierrée sur 1 k. 177 mètres et bordée par des accotements en terre.

Le pavage est en bon état, sauf sur environ 300 mètres, aux abords de la route départementale n° 25. L'empierrement est en bon état sur toute sa longueur.

Les trottoirs sont plantés de platanes sur une longueur de 553 mètres, entre le pont d'Orly et l'entrée du village.

Chemins vicinaux ordinaires. — Le tableau ci-dessous donne la situation des chemins vicinaux ordinaires situés sur le territoire de la commune.

NUMÉROS	DÉSIGNATION DES CHEMINS	LONGUEUR	ORIGINE	FIN	LARGEUR moyenne		CHAUSSÉE		OBSERVATIONS
					TOTALE	CHAUSSÉE	NATURE	ÉTAT	
		m.							
1	DU TROU A GLAISE	1.850	Chemin rurale n° 12.	Route nationale n° 7	10^m	4^m	Empierrée.	Assez bon	
2	DE GRIGNON OU DE L'ÉTRILLE........	1.015	Chemin de Grande communication, n° 64.	Territoire de Thiais.	8	5 / 4	703^m empierrée. / 312^m pavée.	Bon Assez bon	
3	DES SAULES 1	1.725	Route dép^ale n° 25.	La Seine, chemin de halage	10	4	Empierrée.	Médiodre	
4	DU NOUVELET.....	330	Chemin de grande communication, n° 64.	Territoire de Villeneuve	8	4	id.	Assez bon	
5	DE GRATTECOQ....	300	Chemin du Grand-Sentier	Chemin vicinal de Grignon	8	4	id.	id.	
	TOTAL........	5.220							

1. La plantation de ce chemin comporte :
1 saule datant de 1815 ; — 130 peupliers de 1885 ; — 3 ormes de 1895.

Longueur totale entretenue par la commune d'Orly. 5.220 m.

Longueur à construire. . . . .   »   —

Total. . . . . . 5.220 m.

La mise en état de viabilité du réseau vicinal est complète.

Les dépenses relatives à l'entretien se sont élevées, en 1895, à 5.836 fr.34 (le Département a alloué une subvention de 3.360 francs).

Travaux neufs sur chemins vicinaux ordinaires :

- Travaux faits dans l'année et dépenses correspondantes : Néant.
- Projets en préparation : Chemin vicinal n° 2 de Grignon — Projet de classement dans la grande vicinalité : 45.000 francs.

Chemins ruraux. — Les chemins ruraux sont au nombre de 25 ; leur étendue est de 13.600 mètres.

Route militaire. — Néant.

Voirie urbaine. — Les rues de la commune sont au nombre de 14 ; aucune ne porte un nom intéressant l'histoire de la commune.

Voirie urbaine :

- Travaux faits dans l'année et dépenses correspondantes : Néant.
- Projets en préparation : Rue Paruseau. — canalisation en grès : 5.900 francs. Rue Paruseau. — conduite en fonte : 3.650 francs. } 9.550 francs.

Prestations. — Par suite de l'insuffisance des ressources ordinaires de la commune applicables à l'entretien des chemins vicinaux, le Conseil municipal vote, chaque année, 3 journées de prestations dont la valeur en argent est appréciée par le Conseil d'arrondissement et le Conseil général.

Le rôle de l'année 1896 comporte 1.044 articles imposés, se décomposant ainsi qu'il suit:

582 journées d'homme à 2 francs. . . . . 1.164 »
3oo journées de voiture à 2 fr. 25 .   . .   675 »
162 journées de cheval à 2 fr. 25 .   .   . .   364,5o

Sur ce nombre de journées, sont faites en nature :

244 journées d'homme.
126 journées de voiture.
54 journées de cheval.

Il y a lieu de remarquer que ce total se trouve réduit par suite de décharges, cotes indues et non-valeurs.

De plus, Orly étant une des communes qui votent chaque année, 5 centimes ordinaires, plus 3 journées de prestations, a reçu, pour 1896, du Département, une subvention de 3.36o francs pour l'entretien de ses chemins vicinaux.

Entretien des rues et des chemins ruraux. — L'entretien des rues et des chemins ruraux est assuré par un cantonnier.

Balayage. — Par arrêté, en date du 3o décembre 1892, le Maire a décidé que tous les propriétaires ou locataires seront tenus de faire balayer au devant de leurs maisons, cours, jardins et autres emplacements, tous les jeudis, dimanches et jours fériés.

Le balayage devra être fait jusqu'au milieu de la chaussée.

Nul ne pourra déposer des boues et immondices devant la propriété de ses voisins.

Le balayage devra être terminé et les ordures enlevées avant neuf heures du matin.

Droits de voirie. — Voir annexes. (Les droits de voirie ont été établis par délibération du Conseil municipal, du 9 novembre 1873. Ils ne sont pas appliqués.)

Ponts. — Un ponceau en maçonnerie sur le ru d'Orly. (Route départementale n° 25).

Rus. — Il a été fait mention à l'article « Hydrographie » de l'unique ru qui existe dans la commune.

Port. — Néant.

Égout. — Il n'y a pas à Orly d'égout proprement dit; il existe seulement une conduite en grès, qui va du lavoir au ru, et qui reçoit les eaux du lavoir et les eaux de source qui coulaient autrefois à ciel ouvert, de chaque côté des rues. Il en résultait, l'hiver, des amas considérables de glace ; la circulation était difficile, parfois même impossible. C'est surtout pour parer à cet inconvénient que la conduite a été établie.

La partie allant de l'église au ru a été faite en 1892 et a coûté 9.101 fr. 92 : le département a accordé un secours de 4.500 francs.

La partie allant du lavoir à l'église a été faite en 1896 et a coûté 5.900 francs.

Enlèvement des boues. — L'enlèvement des boues est à la charge des habitants (Voir *Balayage*).

Distance de Paris. — La distance de Paris (parvis Notre-Dame) à Orly (Mairie) est de 14 kilomètres 400 mètres, en suivant la route nationale n° 7.

Distance du chef-lieu de canton. — Orly est situé à 9 kilomètres 200 mètres d'Ivry.

Distance des autres communes du canton :
Vitry est à 6 kilomètres 900 mètres.
Thiais est à 2 kilomètres 700 mètres.
Choisy-le-Roi est à 3 kilomètres 500 mètres.

Moyens de transport. — Orly est desservi par le chemin de fer de Grande-Ceinture, qui a une gare sur son territoire, et par un omnibus qui le relie à Choisy-le-Roi.

Grande-Ceinture. — La ligne stratégique de la Grande-Ceinture qui se détache de la ligne circulaire à Massy-Palaiseau pour s'y réunir à Sucy-Bonneuil, est desservie trois fois par jour dans chaque sens à Orly, dont la station porte aussi le nom de Villeneuve-le-Roi, commune de Seine-et-Oise, qu'elle dessert également. Mais la gare, assez importante au point de vue de futures opérations stratégiques, est construite sur le territoire d'Orly.

Omnibus. — Depuis 1877, Orly est desservi trois fois par jour, la semaine, dans chaque sens, et quatre fois, le dimanche, par un omnibus qui conduit les voyageurs à Choisy-le-Roi et les amène de ce point de la ligne d'Orléans dans le pays.

La commune subventionne par une annuité de 1.100 francs l'entreprise de ce service, qui reçoit également une allocation de la Compagnie du chemin de fer d'Orléans.

Eaux. — La commune n'a pas de traité avec la Compagnie générale des eaux. Elle est alimentée d'eau de source provenant de la plaine ouest et distribuée au moyen de 5 bornes fontaines, dont la création remonte à l'année 1875.

Les eaux courant très claires dans les ruisseaux de toutes les rues et l'état de propreté de tous les chemins donnent à Orly un aspect particulier de bon entretien et de propreté.

Éclairage. — L'éclairage est assuré, sauf les jours de lune — et on en compte cinq par mois — par seize lampes à pétrole, dont la fourniture est faite à tour de rôle par les épiciers de la localité.

L'entretien des appareils d'éclairage, qui a coûté 89 fr. 25 en 1895, est confié à un allumeur communal, dont le traitement est de 220 francs.

§ IV. — JUSTICE ET POLICE

Justice de paix. — La commune d'Orly dépend de la Justice de Paix de Villejuif.

Les audiences de conciliation ont lieu le vendredi et les audiences publiques le mardi de chaque semaine.

Offices ministériels. — Il n'y a dans la commune aucun office ministériel.

Commissariat de Police. — Orly relève du commissariat de Police de Choisy-le-Roi. Ses agents viennent faire chaque jour des tournées dans la commune.

Gendarmerie. — Orly n'a pas de gendarmerie sur son territoire. Une brigade, composée de 5 gendarmes, et située à la Belle-Épine, sur Rungis, vient faire des rondes quotidiennes dans la commune.

Garde champêtre. — Il n'y a qu'un garde champêtre dans la commune ; il est en même temps concierge de la mairie, garçon de bureau, appariteur, tambour, afficheur ; il est également chargé de l'entretien de l'horloge.

Messiers. — Néant.

§ V. — CULTES

Paroisse. — La succursale d'Orly est administrée par un desservant, dont le traitement est de 900 francs par an.

Budget de la fabrique. — Les recettes du budget de la fabrique s'élèvent à 1.200 francs environ.

Fondations. — Différentes fondations, dont le détail suit, ont été faites jusqu'à ce jour à l'église d'Orly :

1º *Fondation Jobard Duménil.* — Par testament olographe du 25 mai 1809, la dame Anne Enguerrand, veuve Jobard Duménil, légua au curé d'Orly la somme de six mille francs, dont le revenu sera perçu par le curé actuel et ses successeurs, à la charge de dire deux messes par semaine (Décret du 11 juillet 1810).

Cette rente, de 381 francs à l'origine, est tombée à 284 francs par suite de conversions successises et le nombre des messes dites actuellement est de 57.

2º Le rachat par divers particuliers d'anciennes redevances permit à la fabrique d'acheter une inscription de rente de 172 francs. (Ordonnance du 28 décembre 1831); une autre de 27 francs (Autorisation du 18 septembre 1835); et enfin de 37 francs (Le 18 juillet 1846).

3º *Fondation Vve Jean.* — Par son testament, en date du 23 août 1814, Mme Marie Hallé, Vve Germain Jean, légua à la fabrique d'Orly, pour en jouir après le décès de sa bru, un arpent de terre (39 ares 3 centiares) (valeur estimée 1.000 francs), à charge de faire dire par le curé de la paroisse une messe par mois pour la testatrice et son mari (Le nombre des messes est actuellement de 10).

Après le décès de Mme Jean, survenu en 1820, une ordonnance du 10 février 1821 autorisa l'acceptation du legs.

L'usufruitière étant décédée en 1836, le choix de l'arpent sur les terres de la testatrice fut fait par les membres du conseil de fabrique, le 3 novembre 1837.

4º *Fondation Vve Vandard.* — Par un testament, daté de 1842, Mme Geneviève Pichard, Vve Vandard, décédée en 1844, légua à la fabrique deux pièces de terre, contenant 12 ares 81 centiares, et estimées 800 francs, à charge, par le curé, de dire une messe par mois. (Ordonnances du 22 juin 1845). (Le nombre des messes dites annuellement est de 3).

Le revenu des legs en terre Vve Jean et Vve Vandard est tombé à 90 francs, diminué d'un impôt foncier et de main morte de plus de 18 francs.

Congrégations. — Les Pères du Saint-Esprit possèdent au hameau de Grignon un noviciat fondé en 1886, et qui comprend 5o jeunes gens et un personnel de 8 membres.

§ VI. — SERVICES DIVERS

Poste, télégraphe, téléphone. — Il y a à Orly une recette auxiliaire des Postes. Mais pour les services postaux, télégraphiques et téléphoniques, il faut aller à Choisy-le-Roi.

Un facteur et un porteur de dépêches dépendant de ce bureau assurent le service pour Orly.

Caisse nationale d'épargne (postale). — Néant.

Sapeurs-pompiers. — La subdivision des sapeurs-pompiers d'Orly a un effectif de 15 hommes, dont 1 sergent, 1 caporal-fourrier, 2 caporaux et 2 clairons ; elle est commandée par un sous-lieutenant.

Les pompiers sont exonérés des prestations ; les clairons, en outre, reçoivent chacun une solde de 6o francs par an.

La commune a voté, en 1895 :

Assurance ou secours et pensions en faveur des sapeurs-
   pompiers blessés, de leurs veuves ou de leurs enfants.   90 »
Habillement et équipement. . . . . 25o »
Frais de déplacements, indemnités ou gratifications. . . 265 »
Rachat de la prestation individuelle . . . . to8 »
Entretien des pompes et accessoires . . . . 379 »

Le matériel de secours, composé de deux pompes, dont une aspirante et foulante, est remisé, place de la Mairie, dans une resserre spéciale.

Marché. — Néant.

Pompes funèbres. — Aucun traité n'a été passé entre la commune et l'entreprise des pompes funèbres générales.

La mairie possède deux brancards ; les cercueils sont toujours portés à bras.

Bureau de tabac. — Il n'y a dans la commune qu'un seul bureau de tabac, situé rue Greneta.

Bibliothèque municipale publique. — La bibliothèque municipale de prêts gratuits à domicile a été fondée en 1883.

Elle est installée à la mairie et placée sous la direction du secrétaire. Elle est ouverte tous les jours, de 11 heures à 1 heure et de 4 heures à 6 heures.

747 volumes sont mis à la disposition des lecteurs, qui sont au nombre de 39.

Le Conseil municipal a voté, en 1895, une somme de 374 fr. 65 pour l'entretien et le renouvellement des livres de la bibliothèque.

Archives de la commune. — Les archives de la commune se composent des registres paroissiaux, de 1565 à 1792, et des registres de l'état civil depuis 1793 ; les volumes ont été reliés récemment en toile grise ; ils sont en bon état;

Des registres des délibérations, et de divers dossiers, tous modernes.

§ VII. — PERSONNEL COMMUNAL

NOMBRE	EMPLOI	TRAITEMENT
1	Médecin de l'État Civil	50 francs
1	— (en même temps) du Bureau de bienfaisance....	40 —
1	Secrétaire de la mairie (emploi occupé par l'instituteur)...	700 —
1	Receveur municipal (emploi occupé par le percepteur de Choisy-le-Roi)	808 —
1	Architecte-voyer........	100 —
1	Cantonnier...	1.200 —
1	Garde champêtre (en même temps concierge de la mairie).	900 —
1	Garçon de bureau..	130 —
1	Appariteur	100 —
1	Tambour-afficheur...........................	75 —
1	Allumeur..	240 —

III. — RENSEIGNEMENTS DIVERS

Fêtes locales et foires. — La fête communale a lieu le dimanche après l'Ascension ; elle dure deux jours et se tient place de la Mairie.

Courses de chevaux. — Néant.

Principales industries. — L'usine de la Compagnie française du Linoleum, à la Faisanderie, occupe 114 ouvriers. Deux blanchisseries occupent chacune une dizaine d'ouvriers.

Commerce et productions du pays. — Quoique très peu éloigné de Paris, Orly et la plaine qui lui fait suite ont l'aspect de la grande campagne. La population est essentiellement agricole. Quatre familles cultivent des simples pour la pharmacie et la distillation.

L'État a accordé, en 1895, une subvention de 200 francs pour secours aux horticulteurs et maraîchers.

Écoles libres. — Néant.

Établissements privés de bienfaisance. — Néant.

Sociétés diverses. — Néant.

Médecins, pharmaciens, vétérinaires, sages-femmes. — A Choisy-le-Roi.

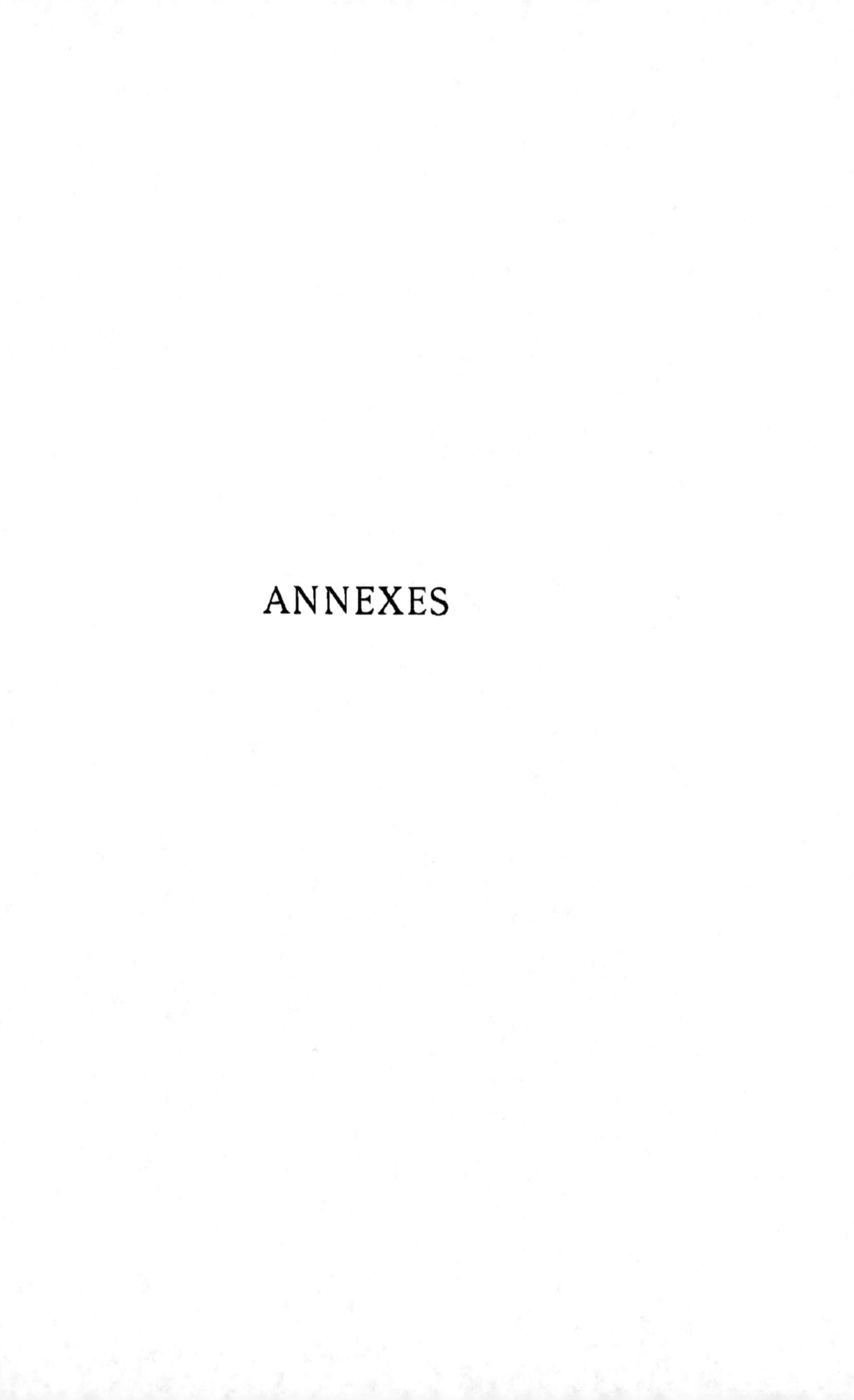

ANNEXES

CONSEIL MUNICIPAL (1896)

———

MM. GUÉRIN Auguste-Louis, maire,	MM. DEGRAIN, Louis, conseiller.
BARON, Alfred, adjoint.	DESPLACES, Victor, —
CHOVO, Félix, conseiller.	HERVÉ, Léon, —
RADOT, Antoine, —	BARON, Louis,
BALU, Charles, —	ROUX, Alphonse.
MINIER, Eugène, —	LAROUSSE, Ferdinand, —

———

TARIF DES CONCESSIONS

DANS

LE CIMETIÈRE

(Établi par délibération du 8 novembre 1868, approuvé
le 23 décembre suivant).

Des concessions perpétuelles, trentenaires ou temporaires de quinze ans sont délivrées aux prix fixés par le tarif suivant :

CONCESSIONS PERPÉTUELLES

1° Sépulture d'adulte, 2 mètres de côté sur
1 mètre de façade (2 mètres superficiels) . . 240 fr.
Pour un 3e mètre en sus . . . . 150 fr.
Pour un 4e mètre en sus . . . . 210 fr.
Chaque mètre suivant en sus . . . . 225 fr.
2° Sépulture d'enfant de 7 ans et au-dessous.
1m,43 sur 0m,70 (1 mètre superficiel) . . . . 150 fr.

CONCESSIONS TRENTENAIRES (renouvelables)

1° Sépulture d'adulte, 2 mètres de côté sur
1 mètre de façade (2 mètres superficiels) . . 180 fr.
Pour un 3e mètre en sus . . . . 114 fr.
Pour chaque mètre en sus. . . . . 120 fr.
2° Sépulture d'enfant de 7 ans et au-dessous.
1m,43 sur 0m,70 (1 mètre superficiel) . . . .   90 fr.

Concessions de quinze ans (non renouvelables).

1° Sépulture d'adulte (2 mètres superficiels). .   45 fr.
2° Sépulture d'enfant ($1^m,43$ sur $0^m,70$) . . .   3o fr.

Droit de séjour dans le caveau provisoire. (Délibération du Conseil municipal du 3 août 1884) :
    Pour un mois. . . . .   15 fr.
    A partir du 2ᵉ mois (par jour pendant deux
      mois). . . . .   o fr. 5o
    Après 90 jours (par jour). . . . .   4 fr.
    Droit d'ouverture . . . .   6 fr.
    Droit de fermeture. . . . .   6 fr.

Le cimetière est ouvert tous les jours ; en cas de fermeture, on s'adresse au fossoyeur qui est détenteur d'une clef.

TARIF DES DROITS DE VOIRIE

§ I. CONSTRUCTIONS NEUVES

Alignement pour chaque mètre de longueur de façade :

    1° de bâtiment en maçonnerie. . . . . . .   2 fr. »

    2° de construction en pan de bois. . . .   4 fr. »

    3° de mur de clôture . . . .   o fr. 25

Exhaussement d'un bâtiment, droit fixe. . . . . .   5 fr. »

Saillies fixes

Grand balcon, par mètre de longueur . . . . . .   7 fr. »

Petit balcon. . . . .   1 fr. »

Perron en pierre. . . . .   4 fr. »

Colonne en pilastre. . . . .   2 fr. »

Borne isolée ou engagée . . . .   o fr. 20

Dans le cas de rétablissement de chacun de ces divers
objets, il ne sera perçu qu'un demi-droit.

Saillies mobiles

Auvent en bois ou en métal :

    1° au-dessus d'une boutique. . . . .   2 fr. »

    2° au-dessus d'une porte, dite marquise.   20 fr. »

Porte ouvrant en dehors. . . . .   o fr. 25

Croisée avec volets, persiennes et barreaux . . .   o fr. 25

Tableau, enseigne ou lanterne. . . . .   2 fr. »

Devanture de boutique. . . . .   6 fr. »

Travail de maréchal . . . .   20 fr. »

Échoppe . . . .   15 fr. »

Perche d'étendage. . . . .   o fr. 70

§ II. TRAVAUX OU RÉPARATIONS

Reconstruction partielle de mur, y compris le bou-
chement des baies :

      1º au rez-de-chaussée. . . . . 1 fr. »

      2º au-dessus du rez-de-chaussée. . . 2 fr. 5o

Ouverture :

      1º d'une croisée . . . . 1 fr. »

      2º d'une porte bâtarde . . . . 2 fr. »

      3º d'une porte cochère ou grille. . 3 fr. »

      4º d'une baie de boutique. . . . . 4 f:. »

Ravalement partiel ou général :

      1º de la façade d'une maison. . . . . . . 2 fr. »

      2º d'un mur de clôture. . . . . 1 fr. »

Colonne en fer ou poteau. . . . . 2 fr. »

DROITS DIVERS

Barrière. . . . . o fr. 5o

Étai, chevalement, contre-fiche . . . . 1 fr. 5o

Dépôt de matériaux sur la voie publique, quelle
qu'en soit la nature, par mètre superficiel. . . . . o fr. 1o

    et par mois . . . . 5 fr. »

TABLE

RENSEIGNEMENTS ADMINISTRATIFS
I. TOPOGRAPHIE, DÉMOGRAPHIE ET FINANCES

§ I. *Territoire et domaine*

§ II. *Démographie*

§ IV. *Justice et Police*

§ V. *Cultes*

§ VI. *Services divers*

§ VII. *Personnel communal*

III. — RENSEIGNEMENTS DIVERS

ANNEXES

COMPOSÉ, IMPRIMÉ ET BROCHÉ
PAR LES PUPILLES DU DÉPARTEMENT DE LA SEINE,
ÉLÈVES DE L'ÉCOLE D'ALEMBERT
A MONTÉVRAIN

ORLY

COMPARAISON

DE LA

POPULATION

ET DES

RECETTES ORDINAIRES

Relevées aux époques de Recensement

(1801 à 1896)

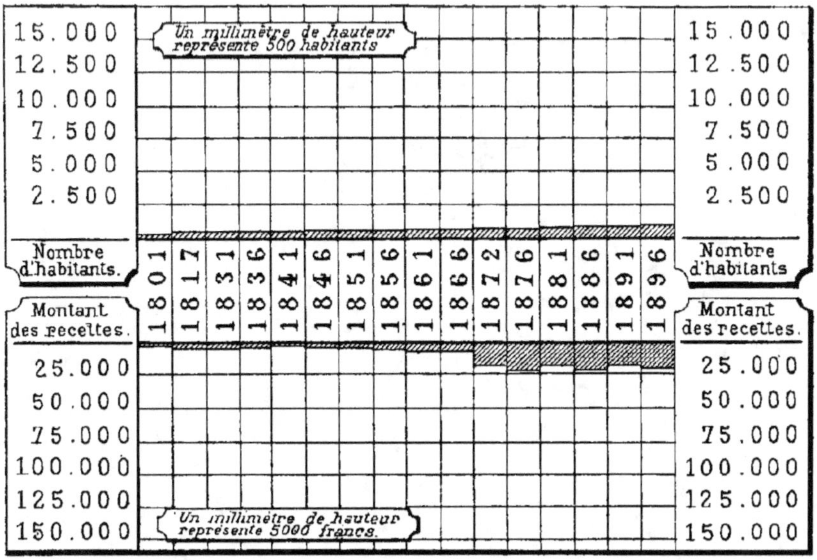

EN DÉPOT

A LA PRÉFECTURE DE LA SEINE

DIRECTION DES AFFAIRES DÉPARTEMENTALES

BUREAU DES COMMUNES

(Annexe Est de l'Hôtel-de-Ville)

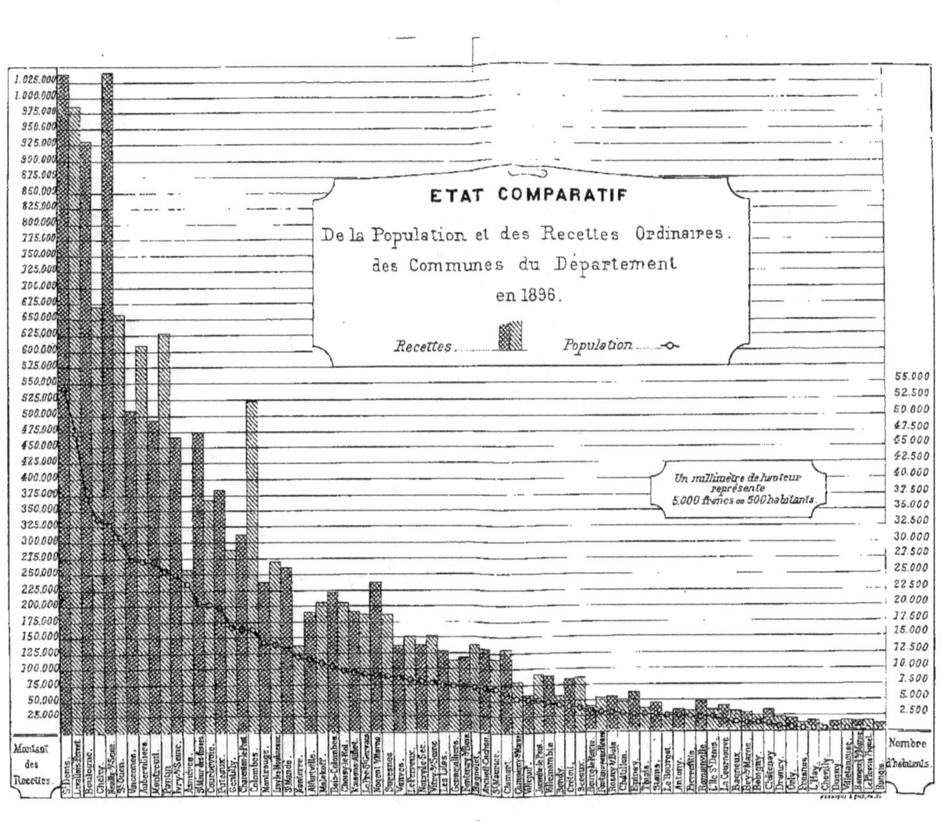

ETAT COMPARATIF
De la Population et des Recettes Ordinaires.
des Communes du Département
en 1896.
Recettes
Population
Un millimètre de hauteur
représente
5.000 francs ou 500 habitants.
Montant des Recettes
Nombre d'habitants

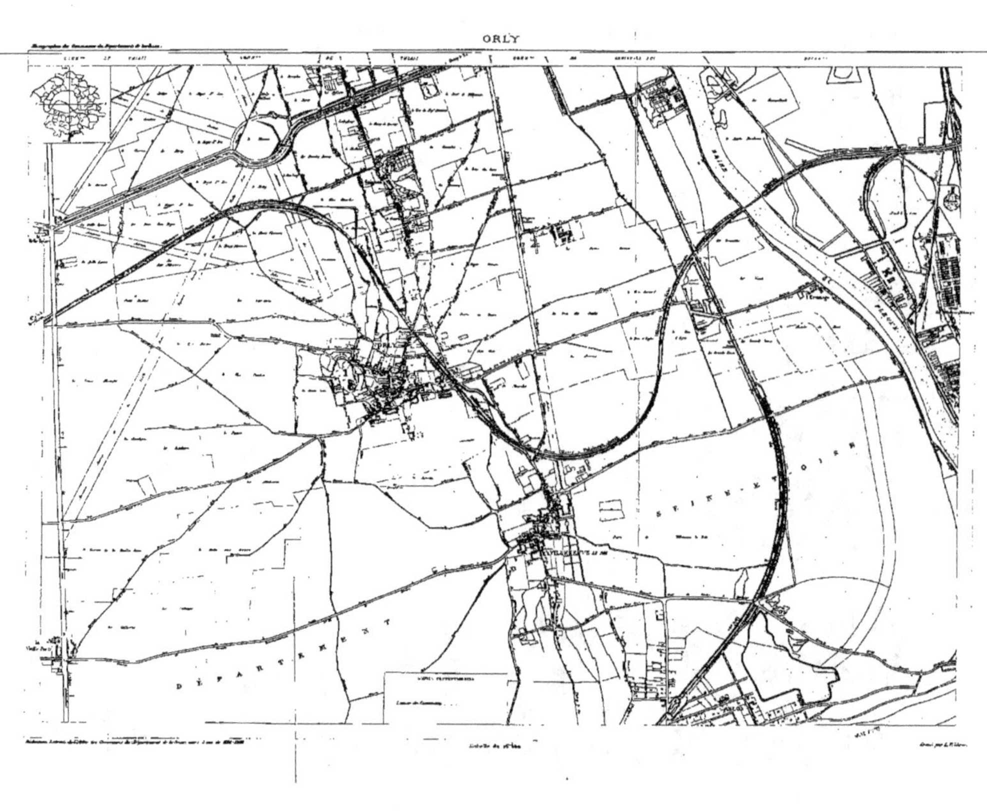

ORLY
Limites actuelles de la Commune reportées sur les Cartes dites des Chasses (1764-1773).

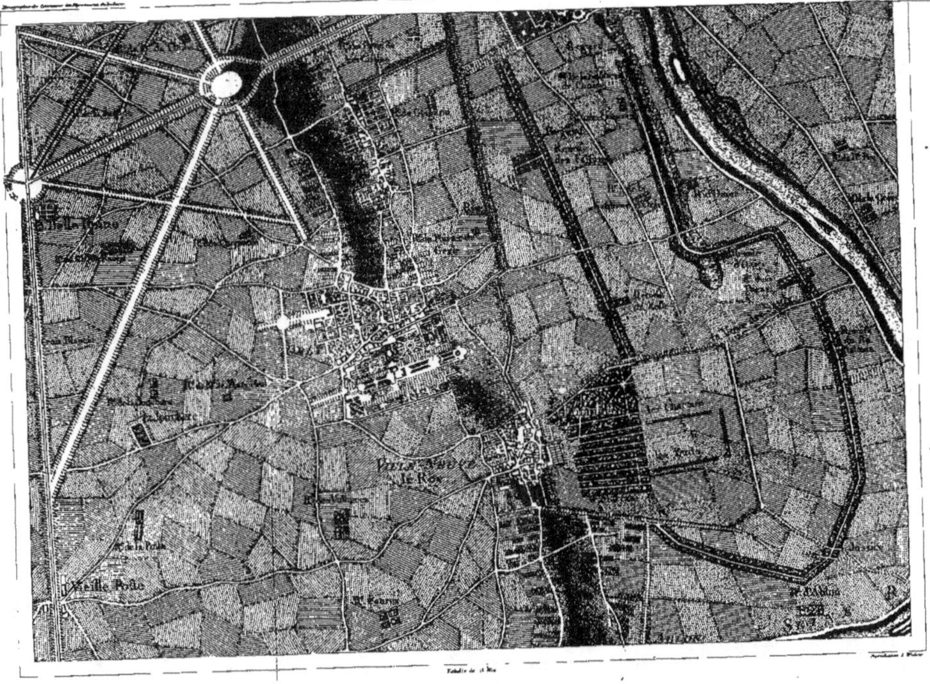

9 782016 143322